AF451909

EXPLICATION

DES OUVRAGES

DE PEINTURE

ET SCULPTURE

EXPOSÉS

AU PROFIT DE LA CAISSE OUVERTE

POUR L'EXTINCTION DE LA MENDICITÉ.

Galerie Lebrun.

Prix : 1 Franc.

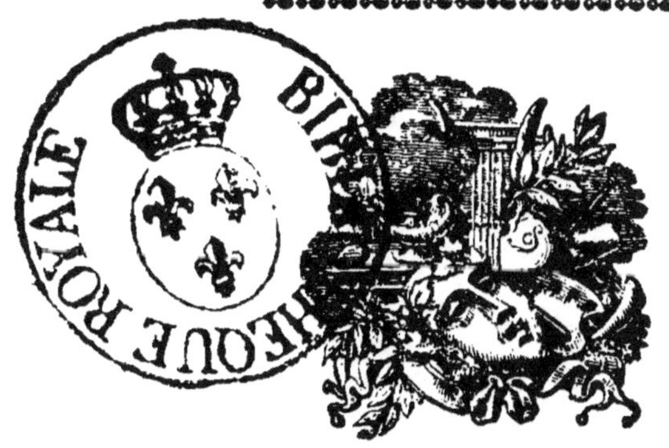

DE L'IMPRIMERIE DE A. CONIAM,
RUE DU FAUBOURG MONTMARTRE, N°. 4.

1829.

AVERTISSEMENT.

En offrant ici un témoignage de gratitude au zèle de MM. les artistes et amateurs, qui ont concouru par leurs ouvrages ou par les tableaux qu'ils possèdent à rendre le plus possible cette exposition intéressante, nous devons également rendre justice à ceux que l'importance de leurs travaux ou l'exiguïté du local n'a pas permis d'y pouvoir coopérer encore.

Des mutations fréquentes nous mettront à même de donner bientôt place à MM. les artistes qui n'ont pu présenter leurs ouvrages pour l'ouverture.

M. ANSIAUX.

Rue Serpente , N. 16.

1. Renaud et Armide.

2. François Ier. félicitant Léonard de Vinci sur le portrait que ce dernier vient de faire de la belle Féronière.

3. Socrate et Alcibiade chez Aspasie.

M. ARSENNE.

Rue Notre-Dame-des-Champs , N. 21.

Quatre dessins d'après les méditations poétiques de M. de LAMARTINE.

4. Ichia.

> Là, comme un lys penché, l'amante qui s'incline
> Prête une oreille avide aux pas du bien aimé.

5. L'immortalité.

> Dans ton ivresse alors tu ramenais mes yeux,
> Et des cieux à la terre et de la terre aux cieux.

6. Apparition.

> Oui, c'est toi ; ce n'est point un rêve :
> Ange du Ciel, je la revois !..........

7. Le passé.

> Et nous rêvions des jours sans nombre,
> Hélas! entre hier et demain!

M. AUBRY.

Rue Neuve-des-Petits-Champs , N. 18.

8. Une jeune femme occupée à peindre.

> (Miniature.)

9. Jeune femme pinçant dela guitare.

> (Miniature.)

10. Jeune fille sautant à la corde.

> (Miniature.)

M. BASSAGET (Numa).

Rue des Enfans-Rouges , N. 2.

11. Lord Byron.

12. L'enfant malade.

M. BEAUME.

Rue du Mail , N. 29.

13. Chasse au Marais.

14. Une plage.

15. Les petits glaneurs surpris par l'orage.

M. BOUHOT.

Quai Bourbon, N. 39. (Ile Saint-Louis.)

16. Vue de la cour intérieure du château d'Ancy-le-Franc, bâti en 1546.   (Sur les dessins de Serlio.)

Anne de Souvré, femme du marquis de Louvois, ministre de la guerre sous Louis XIV, reçoit dans la cour du château une lettre de son amie Mme de Sévigné, qui lui est remise par le chevalier de Coulange.

(Ce tableau appartient à M. le marquis de Louvois.)

M. BERÉE.

Au Jardin du Roi.

17. Paysage avec mare d'eau.

(Ce tableau appartient à madame veuve Luce.)

18. Paysage avec de forts animaux.

M. BOYENVAL.

Rue du Faubourg-Saint-Martin, N. 56.

19. Deux femmes venant visiter un ermite dans sa retraite.

M. BESSA.

Rue du Cherche-Midi, N. 26 bis.

20. Ananas, raisin, violette et fleurs de grenade double sur une table de pierre.   (Aquarelle.)

M. BOUTON.

Au Diorama.

21. Intérieur représentant la visite au prisonnier.

M. BIDAULT.

Rue de l'Arbre-Sec, N. 52.

22. Tableau peint d'après nature, au **nid** de l'aigle.   (Forêt de Fontainebleau.)

23. Autre tableau peint d'après nature, au-dessus du nid de l'aigle, à la fin de l'automne.

24. Vue de Vicovaro, sur la route de Tivoli à Subiaco. Effet du matin, peint d'après nature.

25. Vue de Castellucia, village près de

(9)

l'*isola di Sora.*, au royaume de
Naples.

M. BUFFET.

Rue Michel-le-Comte, N. 18.

26. Baltide, reine de France, donne
ses soins à une femme malade et
fait distribuer des aumônes.

Issue d'un sang royal, enlevée par des
pirates, Baltide dut à l'éclat de ses vertus,
d'être de l'état d'esclave, élevée au trône
de Clovis II, et nommée régente après la
mort de ce prince.

Elle se voua au soulagement de la misère avec une pieuse sollicitude, abolit l'es-
clavage en France, fut la mère des pauvres
et l'espoir des malades; ses dernières pa-
roles furent pour l'humanité et la charité.

(Mézerai, tome Ier.)

M. BRÉMOND.

Rue d'Enfer N. 25.

27. Une femme turque.

M. BELLANGÉ.

Rue de Verneuil, N. 29.

28. Une paysanne normande indiquant
le chemin à un lancier français.

1 *

29. Attaque d'un village par des trou-
pes françaises.

30. Marche militaire.

31. A la main chaude.

M. DE BOISFREMONT.

Rue du Rocher, N. 34.

32. La mort de Cléopâtre.

Cette reine d'Égypte, si célèbre par sa
beauté, que le sort des armes livra au pouvoir de César, préférant mourir plutôt que
de servir d'ornement au triomphe du vain-
queur, se donna la mort par la piqûre d'un
aspic, qu'elle s'était fait apporter dans un
panier de figues, en trompant la vigilance
de ses gardes; Iras, une de ses suivantes,
expire à ses pieds, et Charmion, la seconde,
occupée à lui rendre les derniers devoirs,
va bientôt la suivre.

33. La Chasteté de Joseph.

Selon les chroniques orientales, Joseph
était d'une rare beauté; la femme de Putiphar en devint éprise au point de tenter
sur lui une épreuve à laquelle tout autre
que le vertueux Joseph n'eût sans doute pu

résister. Ne connaissant que la fuite pour résister à un péril si pressant, il abandonna son manteau, dont Putiphar, irritée, tira parti pour venger son affront.

M. BERTIN.
Rue Traînée, N. 17.

34. Site de la Grèce; Aristomène arrêté par des archers crétois.

35. Site d'Italie; vue prise en Toscane, à six milles de Spolette.

36. Vue de Pouzole, dans le royaume de Naples.

M. BOILLY.
Rue Meslay, N. 12.

37. L'arrivée de la diligence.

38. Le café turc.

39. Les physionomies.

M. BLONDEL.
Rue Albony, N. 20.

40. Sapho, évanouie, revient à la vie par l'effet de la mélodie.
(Ce tableau appartient à M Schicker.)

41. Vénus défiant Énée.

(Ce tableau appartient à M. Albony.)

42. Deux nymphes au bain.

(Ce tableau appartient à M. Corot Laquiante.)

43. Homère demandant l'hospitalité dans Athènes.

(Ce tableau appartient à M. Feuscher.)

CIBOT. (Ch.)

Rue Geoffroy-l'Angevin, N. 7.

44. Jésus tenté par le diable.

« Le diable le transporta sur une mon-
» tagne fort haute, etc..... »
Jésus lui répondit : *retire-toi, Satan....*
et les anges vinrent pour le servir.

(Evangile selon Saint-Mathieu. Chap. IV.)

M. COLIN.

Rue d'Enfer, N. 33.

45. Ali Tepelem, pacha de Janina, dans les bras de Vasiliki, sa femme chérie.

(13)

M. COLLET.

Rue de la Pépinière, N. 48.

46. La manie des romans.

47. Un forçat échappé.

M. COGNIET (Léon).

Rue Grange-aux-Belles, N. 9.

48. Sujet tiré d'Yvanhoé.

(Ce tableau appartient à M. J. Lafitte.)

49. Un site de Calabre.

M. COGNIET (Jules).

Rue Martel,. N 12.

50. Un Site de Calabre.

M. COTTEREAU.

à Rome.

51. Le Vaccinaro , homme conduisant
un troupeau de vaches.

(Ce tableau appartient à M. le duc de Fitz-James.)

M. CHAMPIN.

Rue Neuve-Saint-Roch, N. 30,

52. Paysage composé.   (Aquarelle.)

M. CRESPIN.

Rue Saint-Honoré , N. 344.

3. Naufrage de MM. de La Borde, sur les canots de la Peyrouse , au port des Français dans la Californie.

M. de la Peyrouse avait envoyé plusieurs chaloupes pour placer des sondes dans le port des Français. M. de Lescure qui commandait cette petite expédition , s'étant avancé trop loin , fut entraîné par le courant et son canot brisé contre les rochers. MM. de Laborde , qui suivaient , se précipitèrent alors pour le sauver et eurent le même sort. M. de la Peyrouse, dans son rapport au roi , rend ainsi compte de cet événement :

« MM. de Laborde étaient à un grand
» quart de lieue du danger , c'est-à-dire
» dans une mer aussi calme que celle du
» port le mieux fermé ; mais ces jeunes
» officiers, poussés par une générosité sans
» doute imprudente, puisque tous secours
» étaient impossibles dans cette circonstance,
» ayant l'ame trop élevée, le courage trop
» grand pour faire cette réflexion lorsque
» leurs amis étaient dans un si grand dan-—

» ger, volèrent à leur secours, se jetèrent
» dans les mêmes brisantes, et, victimes de
» leur générosité, périrent comme eux. »

L'auteur du poëme de la navigation leur
a consacré ces vers :

O! de l'honneur français modèles et victimes
Frères infortunés, compagnons magnanimes!

. . . .

. . . .

Trop généreux Laborde, ô vous! dont la mémoire
Vit avec la Peyrouse et partage sa gloire!
Lescure vous appelle, ils ont volé tous deux,
Le gouffre dévorant s'est refermé sur eux

(Ce tableau appartient à M. Alexandre de Laborde, député de
Paris, frère de MM. de Laborde.)

M. COUDER.

Rue des Martyrs, passage Bréda.

54. Frédégonde et Brunehault.

(Ce tableau appartient à S. A. R. Madame.)

M. CHAUVIN.

55. Paysage, site d'Italie.

M. DECAISNE.

56. La consultation ; les costumes sont
du temps de Louis XIII.

(Ce tableau appartient à M. Dusomerard.

M. DUCIS.

Quai Malaquais, N. 13.

57. Jeanne d'Arc, âgée d'environ qua-
torze ans,

Se trouvait un jour d'été, vers l'heure
de midi, dans le jardin de son père. Tout à
coup, à la droite et du côté de l'église du hameau, voisine de la maison, une grande
clarté frappa ses yeux, et une voix inconnue
retentit à son oreille.

58. Les persécuteurs de Jeanne d'Arc,

Lui ayant arraché la promesse de ne plus
porter d'autres habits que ceux de son sexe,
substituèrent dans sa prison, pendant son
sommeil, des vêtemens d'homme et des armes aux vêtemens de femme qu'elle avait
repris, elle se trahit, comme Achille, à la
vue d'un casque et d'une épée.

M. DEBIA.

59. Paysage historique.

M. DE BAY (Auguste),

ancien pensionnaire du Roi, à Rome.

60. Oreste et Pylade, abordés en Tau-

ride et s'étant réfugiés dans une grotte, furent surpris par des bergers qui crurent voir, dans ces étrangers, des victimes destinées à Diane.

Cependant Oreste, sorti de la grotte et saisi de sa fureur habituelle, s'était jeté, l'épée à la main, sur les troupeaux des bergers.

Les bergers s'arment de pierres et de bâtons, et, après avoir appelé à leur secours leurs compagnons, ils se précipitent sur les deux Grecs ; en ce moment, Oreste succombant à son accès, s'évanouit. Alors Pylade le garantit de son manteau, observe et pare les coups pour préserver l'unique objet de ses tendres soins.

(Sujet tiré des tragédies d'Euripide.)

61. Faune jouant avec une panthère.

M. DE BEZ (J. J.).

62. Vue des moulins de Migneaux, sur le bras de la Seine, près Poissy.

(D'après nature.)

63. Vue de Langon, sur la Garonne, près Bordeaux.

64. La vue du Vigan (département du Gard).   (Dessin à trois teintes.)

65. La cascade de Bez, près Luchon.
(Dessin à trois teintes.)

M. DEMARNE.

66. Diaphanorama. Glace peinte et transparente; elle représente la vue de la route de Saint-Cloud à Sèvres.

Cette glace et celles qui seront vues dans le cours de l'exposition sont de l'invention de M. d'Hil, et peintes avec des couleurs composées par lui.

Ces glaces, au nombre de six, offriront les sujets suivans :

Des patineurs sur un canal glacé.
(Effet de neige.)

Vue des jardins de la Villa-Borghèse.

Jeunes femmes sur un appui de croisée.

Un clair de lune.

Et la vue du port de la Rochelle.

67. Paysage , vue de Suisse; une jeune
fille attache un billet au collier
de son chien.

68. Paysage pastoral.

(Ce tableau appartient à M. Duval.)

M. DANVIN.

69. Une chartreuse dans les Basses-
Alpes.

70. Vue prise à Thières. (Département
du Puy-de-Dôme.)

71. La vue de la campagne de Thiers.
(Puy-de-Dôme.)

DAVID.

72. Réunion de plusieurs personnages.

Toutes les têtes sont portrait.

(Ce tableau appartient à M. Hyacinthe Didot.)

73. Portrait d'Alphonse Leroy, son mé-
decin.

Dessin.

74. Alexandre, Apelles et Campaspe.

(Ce dessin appartient à M. le baron Gros.)

M. DABOS.

Rue Meslay, N. 58 bis.

75. Philosophe grec méditant sur l'ancienne splendeur de sa patrie.

76. Un antiquaire.

77. Jeune Bernoise, marchande de curiosités.

78. Une marchande de poissons.

M.me. DABOS.

79. La corbeille de mariage.

M. DESPOIS.

Rue du Colombier, N. 13.

80. Vue générale des îles des Sanguinaires, à l'entrée du golfe d'Ajaccio (île de Corse).

Effet de soleil couchant.

M. DESTOUCHES.

Rue de la Planche, N. 18.

81. Le contrat interrompu.

M. DAGUÈRES.

82. Ruines d'Holy Rood.

> (Ce tableau appartient à M. le comte Vigier.)

DROUAIS.

83. Le sujet de Damoclès.

> (Ce dessin appartient à Mlle Paillet.)

M. DE DREUX DORCY.

Rue Taitbout, N. 9.

84. Sujet tiré d'une ballade écossaise.

M. DE LAVAL.

85. Portrait de M. le comte de Villèle.

85 *bis*. Portrait de M. le comte de Ville-franeon.

M. DUBUFE.

Rue Montmartre, N. 76.

86. Portrait historique de Miss Smitson.

M. DUVAL LE CAMUS.

Rue du Coq, N. 7.

87. La distraction.

88. La fileuse.

89. Chasse au marais.

M. DECAMPS.

Rue du Faubourg—Saint-Denis, N. 109.

90. Deux enfans regardant de jeunes chiens.

(Ce tableau appartient à M. Royer.)

M. DUNOUY.

Quai Saint-Michel , N. 15.

91. Paysage.

M. DUPONT (Alphonse).

Rue de Verneuil , N. 29.

92. Vue du vallon d'Agrigente et du temple de Junon Lucine.

93. Effet de soleil couchant dans la campagne de Rome.

M. DURUPT.

Rue Furtemberg, N. 8.

94. L'Assomption de la Vierge.

(Ce tableau a été commandé par S. Exc. le ministre de l'intérieur.)

M. DEBUCOURT.

95. Humanité et bienfaisance du roi.

Un jour du mois de février du grand hiver 1784, Louis XVI chassant à cheval, près de Versailles, se trouvait un peu éloigné de sa suite. Enveloppé dans son manteau à cause du froid, rien ne le distinguait des autres, un jeune paysan l'aborde, le suit, et lui demande l'aumône avec beaucoup d'importunité. *Mon père et ma mère sont malades, s'écrie-t-il en pleurant ; nous n'avons rien mangé depuis deux jours.* Le roi ému s'arrête, et curieux de savoir la vérité, il lui dit : *Tu me trompes peut-être, tu répétes ce qu'on t'a appris pour toucher les passans. Voyons, où demeures-tu ? — Ici tout près, monsieur. — Hé bien, conduis-moi.* Le monarque et le paysan arrivent dans une chaumière à quelques pas du hameau. Sa Majesté

y voit le trop fidèle tableau de la misère.
Louis XVI donne tout ce qu'il a sur lui et
fait assurer, à son retour, une pension à ces
infortunés pour le reste de leurs jours.

(Ce tableau appartient à S. A. R. Madame la Dauphine.)

M. FLEURY.

Rue des Messageries , N. 4.

96. Deux jeunes filles napolitaines en
pèlerinage.

(Ce tableau appartient à M. le marquis de Louvois.)

97. Jeune fille sur un rocher, et im-
plorant la clémence divine.

(Ce tableau appartient à M. Casimir Perrier.

M. FANELLY.

98. Le curé de Thomery à la tête de
son clergé , allant bénir les pre-
miers bateaux de raisin.

M. FREDERICK. (M.)

Rue des Beaux - Arts , N. 3.

99. Vue de Pont-en-Royans.

M. LE BARON GROS.

100. Portrait du général de Lasalle.

(Ce tableau appartient à Mme, la comtesse de Lasalle).

101. La bataille d'Aboukir.

(Ce tableau appartient à M. Odiot.)

GIRODET.

102. Hippocrate refusant les présens d'Artaxerces.

(Cette esquisse appartient à M. le baron Gros.)

GERICAULT.

103. Intérieur d'écurie.

104. Postillon arrêté devant une auberge.

(Ces deux tableaux appartiennent à M. Duchesne.)

M. ANDRÉ GIROUX.

105. Vue de la Serpentara, près Olevano.

(Ce tableau appartient à M. le comte Turpin de Crissé.)

106. Vue d'une partie de la côte de Grâce à Honfleur.

(Ce tableau appartient à M. le vicomte de Ville-d'Avray.)

M. GUDIN.

107. Petite plage.

(Ce tableau appartient à M. le duc de Fitz-James.)

108. Marine, effet de soleil.

(Ce tableau appartient à M*. Boursault.)

109. Une marine.

(Ce tableau appartient à M. le docteur Lebreton.)

110. Mer agitée, effet de nuit.

M. GRANET.

Rue Saint-Lazare, N. 54.

111. Vue de l'intérieur du cloître de Saint-Sauveur à Aix.

(Ce tableau appartient à M. le baron de Nivière.)

112. Un cardinal disant la messe dans sa chapelle particulière.

M. GASSIES.

Passage Bréda, N. 4.

113. Un intérieur de l'église de St.-Prix, dans la vallée de Montmorency.

114. Le bout de la jetée de Calais.

115. Un pêcheur et des enfans retirés sous des rochers après une tempête.

116. Vue du lac long, en Écosse, soleil levant.

117. Une plage déserte où les vagues ont apporté les débris d'un naufrage.

118. Vue intérieure de l'église de Saint-Pierre (faubourg de Calais.)

119. Un jeune contrebandier en prison dans la tour de Douvres; il tient une corde autour de laquelle pend un sac destiné à recevoir les aumônes.

120. Une dormeuse.

121. La pêcheuse de crevettes.
(Ce tableau appartient à M. Souty.)

M. GARREAU.

Rue du Bac, passage Ste.-Marie, N. 27.

122. L'amour fuyant à l'aspect de la raison.

Mlle. GÉRARD.

Rue Neuve-des-Petits-Champs, N. 18.

123. Deux scènes familières.

GAUFIER.

124. Paysage avec figures de moines.
(Ce tableau appartient à M. le baron Gros.)

GREUZE. (J. J.)

125. La famille de M. De La Borde, composition gravée sous le titre de la mère bien-aimée.
Ce tableau appartient à M. Alex. De La Borde, député de Paris.)

Mlle. GUILLON.

Rue Olivier-St.-George, N. 8.

126. Un bouquet de roses, *aquarelle.*

M. GOYET.

Rue de l'Abbaye, N. 3.

127. Les soupçons injustes.

Mme. HAUDEBOURT.

Rue de la Rochefoucault.

128. Le grain de sel.

C'est une ancienne créance des enfans qu'un grain de sel placé sur la queue d'un oiseau suffit pour l'attrapper.

(Ce tableau appartient à M. le baron de Nivière).

129. Sujet tiré des mille et une nuit.

(Ce tableau appartient à M. Schrott.)

M. HERSENT.

130. Comment l'esprit vient aux filles.

(Ce tableau appartient à M. Hyacinthe Didot.)

131. Louis XVI distribuant des aumônes à Versailles.

(Ce tableau appartient à M. Casimir Perrier.)

M. HEIM.

132. Esquisse du grand tableau de

St.-Hyppolite qui décore l'église
de Notre-Dame.

(Ce tableau appartient à M. Rey.)

M. HENRARD.

Faubourg Poissonnière, N. 102.

133. Vue sur l'Ourte, près de Liége et
peinte d'après nature.

M. JNGRES.

Au palais des Beaux-Arts.

134. Philippe V décore de l'ordre de la
Toison-d'Or le maréchal de
Bervick après la victoire d'Al-
manza.

(Ce tableau appartient à M. Balze.)

M. JACOMIN, (à Lyon.)

135. Trait de la vie d'Annibal Carra-
che.

Son père ayant été volé, Annibal, qui était
du voyage, remarqua si bien les voleurs, qu'il
les dessina chez le juge qui les reconnut
et leur fit rendre ce qu'ils avaient pris.

(Ce tableau appartient à M. le duc de Fitz-James.)

M. JOLY.

Rue Jean Goujeon, place François Ier.

136. Vue prise à Rouen.

137. Intérieur d'une chapelle de la ca-
thédrale de St.-Marc, à Venise.

138. Pont St.-Lorenzo à Venise.

M. JOLY DE LA VAUBIGNON.

139. Un paysage.

M. JOLIVARD.

Rue M. Le Prince, N. 2.

140. Déjeuner d'artistes dans la forêt
de Fontainebleau.

M. JOLLIVET.

141. Episode d'un combat de taureaux
dans la place de Madrid.

142. La sortie des spectateurs du cir-
que de Madrid après la course.

M. JUSTIN.

Rue de Bondy, N. 46.

143. Un cadre renfermant des dessins
à la sépia.

M. JACOBER.

A la manufacture royale de Sèvres.

144. Un bouquet de fleurs.

Mme. LEMIRE.

145. Mad. de la Valière donnant à Mad. Deblois sa fille, des leçons de piété au couvent des Carmélites.

(Ce tableau appartient à Madame Lavalée.)

M. LEMERCIER.

146. Une marine, effet d'orage ; des femmes sont en prières au pied d'une croix, tandis que des matelots se préparent à porter des secours à leurs compagnons en voyage.

(Ce tableau appartient à M. Susse.)

M. LAURENT.

147. Le roi Richard dans sa prison.

M. LAVAUDAN.

148. La courtisane fêtée ,

(Ce tableau appartient à M. Souty),

M. LE CERF.

Rue Ste.-Croix de la Bretonnerie, N. 44.

149. Vue de la chapelle de la Vierge, ancienne abbaye, à Chartres.

LE PRINCE (Feu-Xavier.)

150. Scène de carnaval sur le boulevart des Italiens.

(Ce tableau appartient à M. Dusomerard.)

M. LÉOPOLD LEPRINCE.

Rue de Rochechouard, N. 31.

151. Vue d'un moulin, au Mans.

152. Paysage, effet du soir.

M. DE LAURENCEL.

153. Une vue du parc de Saint-Cloud.

M. LECOMTE (II.)

154. Le cantonnement.

Un aide-de-camp du quartier-général vient donner l'ordre aux chasseurs de la garde de quitter le poste où ils vont être remplacés par les grenadiers.

(Ce tableau appartient à M. Binant.)

Mme. LOUIS.

Rue du Paon, N. 2.

155. Un camélia blanc.

156. Un dahlia rouge.

(Ces deux fleurs sont modelées en cire.)

Mlle. JENNY LEGRAND.

157. Intérieur d'un atelier de serrurier de village.

158. Intérieur rustique, avec figures et ustensiles de ménage.

M. LEROY (de Liancourt).

159. Un petit montagnard comptant son argent.

160. Paysage.

Mlle. LEGRAND DE SAINT-AUBIN.

Rue des Marmouzets, N. 17.

161. Lancelot du Lac et Geneviève visitant les tombeaux d'Yseult et de Tristan.

L'ermite, à la garde duquel sont confiés

les restes de ces amans, vient d'introduire leurs amis dans la chapelle où ils reposent.

(Poëme de la table ronde, par M. Creusé de l'Esser.)

M. LEVASSEUR.

162. Dessin à la sépia, d'après le tableau de M. Court.

163. Deux Vignettes.

Mlle. LEDUC (Amélie.)

Rue du Gros-Chenet, N. 12.

164. Portrait en pied de la fille du baron de St. J***, peint d'après nature, sur porcelaine.

165. Portraits de MM. J. et L. de M***., d'après nature, sur porcelaine.

M. DELANOE.

Rue de Vaugirard, N. 52 bis.

166. Roméo et Juliette au balcon, au moment de leur séparation.

(Tragédie de Shakespeare.)

M. MEYNIER.

167. Les drapeaux français repris dans l'arsenal d'Inspruck.

(Ce tableau appartient à Madame Lavalée.)

M. MONVOISIN.

Rue de l'Ouest, N. 14.

168. Mort de Gabrielle de Vergy.

M. MOZIN.

Rue Hauteville, N. 39.

169. Vue de la rivière de Rouen, soleil couchant.

170. La plage d'Andresselle, marée montante.

171. La plage de Ville-Ville, marée montante.

172. Vue prise sur le canal de Bergues, soleil couchant.

M. MALLET.

173. Françoise de Foix.

(Ce tableau appartient à M. C. Perrier.)

174. Le Bénédicité.

(Ce tableau appartient à M. Aubry.)

M. MAILLÉ St.-PRIX.

Rue du Cherche-Midi, N. 9.

175. Vue prise à Thiere.

176. Vue de la ville de Tournon.

OMÉGANG.

177. Paysage avec pâtre et moutons.

(Ce tableau appartient à Madame Boursault.)

M. OLAGNON.

Rue du Cadran, N. 10.

178. Intérieur.

179. Un enfant prend une prise de tabac
à la dérobée.

PRUDHON.

180. L'innocence entraînée par le plaisir
et suivie du repentir.

(Ce tableau appartient à M. Odiot.)

181. La famille malheureuse.

(Ce tableau appartient à S. A. R. Madame.)

182. Phrosine et Mélidor.

(Ce tableau appartient à M. Hyacinthe Didot.)

183. Portrait de feu Lavallée, ancien
secrétaire du Musée.

184. Portrait de Madame ***.

PÉRIGNON.

Rue du Dauphin, N. 1.

185. Les deux cardinaux Aldobrandini, recevant le Tasse à un mille de Rome.

(Après vingt années de persécutions et d'un désespoir qui jetèrent le Tasse dans des maladies violentes, et qui lui ôtèrent quelquefois l'usage de la raison, l'envie se lassa de l'opprimer ; il fut appelé à Rome par le pape Clément VIII, qui, dans une congrégation de cardinaux, avait résolu de lui donner la couronne de laurier et les honneurs du triomphe. Le Tasse fut reçu, à un mille de Rome, par les deux cardinaux Aldobrandini, neveux du pape, et par un grand nombre de prélats et de personnes de toutes conditions. « Il » est trop tard, dit-il, il n'y a plus d'huile » dans la lampe. » Et en effet, il tomba malade dans le temps des préparatifs que l'on faisait au Capitole, et mourut la veille du jour destiné à la cérémonie.

M. POTERLET.

186. Sujet tiré d'Hamlet.

LE FOSSOYEUR.

Le crâne que vous voyez, était le crâne d'Yorick, bouffon du roi.

HAMLET.

Celui-ci ?

LE FOSSOYEUR.

Lui-même.

HAMLET.

Donne. Hélas ! pauvre Yorick ! Je l'ai connu , etc., etc., etc.

(Tragédie de Shakespeare, acte **V**, Scène II.)

187. Sujet tiré du Malade Imaginaire,

ORGON *à Angélique.*

Allons , Saluez, monsieur,
THOMAS DIAFOIRUS , *à son père.*
Baiserai-je ?

DIAFOIRUS.

Oui , oui.

(Comédie de Molière, acte II, scène **VI.**)

M. PERIN.
Rue M. le Prince, N. 18.

188. Vue de la côte du port d'Antibes.

189. Vue du port de Cannes.

190. Chapelle à Villeneuve-lès-Avignon.

M. PERROT.

Rue des Messageries, N. 4.

191. Étude d'après nature, prise derrière le château de Clisson.

192. Vue du château de Clisson, prise
des bords de la Sèvres.

M. PELICOT.

Quai des Orfévres, N. 46.

193. Une jeune avignonaise en prière.

M. PREVOST (Constantin.)

Rue de l'Abbaye, N. 3.

194. Épisode de la vie de Louis XVI et
de Marie-Antoinette.

Louis XVI, n'étant encore que dauphin, se promenait avec son auguste épouse,
qui, voyant un jeune garçon porter de la
soupe dans une écuelle, la goûta. Après
s'être entretenu avec lui quelques instans,
les augustes princes remirent au jeune
homme quatre pièces d'or, et se félicitè-
rent d'avoir ainsi commencé le jour par
une bonne action.

M. PHELIPPES.

Rue de Seine, N. 57.

195. L'Amour et Psyché, d'après M. le baron Gérard.

M. PINCHON.

Rue des Deux-Portes-Saint-Sauveur.

196. Un malade soigné par ses enfans.

M. LE POITEVIN.

Rue Hauteville, N. 33.

197. Chasseur dans une forêt.

(Ce tableau appartient à M. Dusomerard.)

M. RENOUX.

Rue Martel N. 12.

198. Intérieur de l'abbaye de Socqueville, près Dieppe.

199. Intérieur de l'atelier de l'auteur.

M. REGNIER.

Rue de Paradis, N. 41.

200. Un monastère dans les montagnes d'Auvergne.

(41)

M. RÉMOND.

201. Vue prise dans le ravin de Gra-
niano, au royaume de Naples.

M. ROUGET.

Rue de Richelieu, N. 38.

202. Mariage de Napoléon et Marie-
Louise d'Autriche.

La scène se passe dans une des salles du
Louvre. La bénédiction nuptiale, donnée par
le cardinal Fesch, en présence des princi-
paux personnages et dignataire de cette épo-
que. Les princesses portent le bas du manteau de Marie-Louise.

(Tableau peint en 1810.)

203. Jeune femme grecque au tombeau
de son époux.

M. RICOIS.

Quai Voltaire, N. 5 bis.

204. La vue de Weterhorn dans l'Ober-
land Bernois, prise de la vallée
de Rausenlaw, route de Grin-
denwald à Méeringen.

(Ce tableau appartient à M. le marquis de Louvois.)

M. RICOIS.

205. Vue prise à Sassenage (Isère.)

On aperçoit dans le lointain la chaîne des Alpes et la ville de Grenoble. Effet de soleil ouchant.

Mlle. RUMILLY.

Rue Croix-des-Petits-Champs, N. 39.

206. Une distribution de prix.

Un jeune homme, qui a reçu un prix, en fait hommage à son père. « Papa, c'est à tes » soins que je dois mes succès. » La scène est dans la salle de l'Institut.

207. Vue d'une guinguette près la barrière du Maine.

Mlle. RIBAULT.

Rue Bourbon-le-Château, N. 1.

208. M. De Belloy, évêque de Marseille en 1760.

Il se rend à un grand bal que donnait le gouverneur de la Ville, et lui demande la permission de donner la main à sa fille pour faire une quête en faveur d'une famille incendiée.

M. ROQUEPLAN.

Petit passage du Panorama, N. 22.

209. Paysanne de la Bretagne en prière au pied d'une croix.

210. Une diligence surprise par un
gros temps.

M. RABOUIN.

Rue Saint — Denis, N. 391.

211. Moulin de Perigny, sur la Hière,
vue de la prairie.

212. Moulin à eau établi sur les ruines
d'un vieux château.

M. STEUBEN.

Rue Haute-Feuille, N. 30.

213. Trait de la jeunesse de Pierre-le-
Grand.

Lors de la révolte des Strélitz, Pierre Ier,
enfant, fut conduit par sa mère et un petit
nombre de serviteurs fidèles, au couvent de
la Trinité, à quelques lieues de Moscou. Cette
retraite fut connue des rebelles : une troupe
furieuse accourt, enfonce les portes et mas-

sacre tout ce qu'elle rencontre. La Czarine, avec son fils, poursuivis par deux meurtriers, se réfugie dans une chapelle, place son enfant sous l'image de la Vierge, et menace les assassins de la vengeance divine, s'ils osent consommer leur crime ; saisi de respect, l'un d'eux se prosterne ; l'autre hésite, regarde l'image et dit à son camarade : « Frère, non pas près de l'autel. » Cependant un nombreux détachement de cavalerie volait au secours du Czar. Les rebelles prennent la fuite, et l'enfant et la mère furent sauvés.

(Ce tableau est le petit du grand, exposé en 1827, et appartenant à la maison du Roi.)

M. SCHNETZ.

214   Vendéen blessé.

(Ce tableau appartient à S. A. R. Madame.)

Mlle. SARRAZIN (DE BELLEMONT.)

Rue du Bouloy, N. 2.

215.   Vue générale du théâtre de Taormine, étude d'après nature.

216.   Vue des environs de la Cava et du monte Castello, royaume de Naples.

217. Étude faite à Subiaco.

M. SERRUR.

Rue des Beaux-Arts, N. 5.

218. Femme grecque poursuivie par un turc.

219. Une nourrice.

SWEBACH, père.

220. Tableau, connu sous le titre de la Calèche.

(Ce tableau appartient à madame veuve Tardieu.)

M. St.-MARTIN.

Impasse de la Pompe, N. 9.

221. Vue intérieure d'une forge à Alvar en Dauphiné.

222. Un paysage.

M. SCHEFFER.

Rue de la Rochefoucault, N. 5 bis.

223. Un naufrage.

Mme. SERVIÈRES.

224. Marie Stuart ; elle est sur le vais-

seau qui la transporte après la
mort de François II.

M. TANNEUR.

Rue du Houssaye , N. 7.

225. Une marée basse au soleil levant.

(Ce tableau appartient à M. Susse.)

M. TEERLINCK.

A Rome.

226. Vue du lac Némi.

(Ce tableau appartient à M. Berthauldt).

THIBAULDT.

227. Monumens entourés d'arbres.

M. THIENON.

228. Deux paysages à la sépia.

(Ces deux dessins appartiennent à M. Aubry.)

Mme. THUROT, (née Hoguer.)

Rue des Beaux-Arts, N. 5.

229. A l'âge de 14 ans, Ste.-Gertrude
de Brabant portant le deuil de
Pépin de Lander son père, reçoit les bénédictions de sa mère

dangereusement malade, qui la place sous la protection de la Ste.-Vierge.

Pepin de Lander mort en 640, fut le bi saïeul de Charles Martel.

M. VERNET-LAUZET.

Rue Ste.-Croix-de-la-Bretonnerie , N. 54.

230. Vaches et taureau suisses.

M. VAFLARD.

Rue des Bons-Enfans , N. 34.

231. Têtes d'étude.

M. VERNET (Horace).

232. Soldats de la Vieille Garde ; l'un d'eux blessé, est assis près d'une porte de ferme.

(Ce tableau appartient à M. Lenoir.)

233. Le braconnier surpris.

234. L'oiseleur.

235. Le Grec prisonnier.

236. Tête de Napoléon mort.

D'après le masque pris sur nature.

(Ces tableaux appartiennent à M. Duchesne.)

(48)

M. VERNET (Carle).

237. Portrait de Garat.

238. Portrait de Dozinville.

(Ces deux dessins appartiennent à M. Chenard.)

239. Cheval franchissant une haie.

(Ce dessin appartient à M. Lebreton.)

Mme. VERDÉ DELILE.

Rue de Rochechouart, N. 7.

240. La toilette de Diane de Poitiers.

M. VIGNERON.

241. Talma à Brunoy.

M. VAUZELLE.

242. Vue perspective d'une route.

(Ce dessin appartient à Mlle. Paillet.)

VALENCIENNES.

243. Deux paysages, site et fabrique d'Italie.

(Ces dessins appartiennent à Mlle. Paillet.)

JOHNSON (Willer le Capitaine).

(Marine royale anglaise.)

Rue Chauchat, N. 7.

244. Le commencement d'une tempête.

245. Le bateau du pilote.

M. WATELET.

Rue Neuve des Bons-Enfans, N. 29.

246. Paysage historique.

> (Ce tableau, exposé au salon de 1810, et qui valut
> à l'auteur la médaille d'or, appartient à
> M. Levrat).

247. Paysage avec un pont de bois.

> (Ce tableau appartient à M. Aubry).

248. Petit paysage avec rivière.

249. Paysage, site sablonneux.

> Effet de temps orageux.

> (Ces deux tableaux appartiennent à Madame
> Ve. Luce.)

M. VAN YSENDICK (D'ANVERS).

250. La famille Soninèse.
251. Intérieur d'un cellier.

> (Ces deux tableaux appartiennent à Madame
> Boursault.)

SCULPTURE.

M. BOUGRON.

Rue des Fossés-du-Temple, N. 14.

252. Bacchante en repos et à demi cou-
chée, marbre.

M. DESBOEUFS.

Rue de la Bienfaisance, N. 4.

253. Une jeune vierge de Sparte, fi-
gure en marbre.

M.***

254. Buste de madame Angélica-Cata-
lani.

(Ce buste en marbre appartient à M. de Valabregues.)

BARTHOLINI.

255. Hélène.

Réduction de la statue de **Canova**.

SUPPLÉMENT.

LE COMTE TURPIN DE CRISSÉ.

256. Le temple de Vénus sur les bords du golfe de Baja.

M. RIOULT.

257. Deux jeunes filles se disposant à se baigner.

258. Euphrosine et Mélidor.

259. Les Petits Savoyards.

M. BOISSELIER.

Rue de Chabrol, N. 31.

260. Vue de l'ancien château de Nesle, fortifié en 1226, par Robert III, comte de Dreux.

261. Vue d'une usine dans le département de la Haute-Marne.

M. BONINGTON.

262. Vue du tombeau de St.-Omer, aquarelle.

(Ce tableau appartient à S. A. R. Monseigneur le duc D'ORLÉANS.)

Mme. CHERADAME.

Rue Montholon, N. 3.

263. La curiosité.

Deux dames surprennent un jeune homme traçant un billet pour l'une d'elles.

264. Un protopope de l'église grecque, celui qui a confessé les criminels de la conspiration de la place d'Isaac, à Saint-Pétersbourg.

265. Une paysanne russe avec son enfant.

M. DUCIS.

266. Madame de la Valière.

Le soir même de son entrée au couvent de Chaillot, elle assista aux derniers dévoirs rendus à **une** jeune religieuse qui lui avait témoigné une amitié particulière lors de son premier séjour dans ce couvent. Après la cérémonie, elle s'assit avec madame de Thémines, sur le banc de la fontaine, et répandit des larmes sur la tombe de son amie.

(Ce tableau appartient à S. A. R. Monseigneur le duc d'Orléans).

ENFANTIN.

267. Le coup de vent.

Chemin sablonneux traversant une grande plaine.

(Ce tableau appartient à M. Binaut.)

M. JADIN (Godefroy).

A l'Intendance, rue Bergère, N. 2.

268. Sujet de nature morte.

M. JOHANNOT (Tony).

269. Sujet tiré de la Jolie Fille de Perth.

(Walter-Scott.)

270. Le réveil du grand-père.

(Dessin à l'aquarelle).

M. JOHANNOT (ALFRED).

271. Une jeune fille, assise à côté de son tuteur endormi, donne la main à son amant.   (Aquarelle).

M. FLEURY.

Place des Messageries , N. 4.

272. Une bergerie.

(Ce tableau appartient à M. Duchesne).

M. DUPRÉS.

Rue Cassette , N. 17.

274. Sujet grec.

LE GUIDE (D'APRÈS).

275. L'*ecce Homo*, en vitraux.

(Appartenant à M. le comte de Noé).

M. OS (VAN.)

Rue Neuve des Petits-Champs , N. 63.

276. Deux paysages. Environs de Benttheim.

M. ARROWSMITH.

Rue des Marais , au Diorama.

277. Vue intérieure de l'église de Champagne.

278. Vue prise à Saint-Clair, en Normandie.

M. DE CYPIERRE.

279. Un paysage. Vue de Suisse.

M. BOILLY (JULES).

280. Famille romaine.

Un jeune homme fait la lecture du Tasse.

M. LEAHY.

281. Les derniers regards de Marie-Stuart sur la France.

M. VANSPAENDONCK (C.).

282. Une corbeille de fleurs.

M. ALIGNY.

Rue du Grand-Chantier, n. 2.

283. Orage au soleil couchant.

Des pénitents portent un mort au cimetière.

(Ce tableau appartient à M. C***)

284. Vue du Colysée.

Prise du jardin Farnèse.

(Étude d'après nature).

M. BEAUME.

285. Famille grecque se défendant der-
derrière des rochers.

Mlle D'HERVILLY.

Rue de l'Abbaye, n. 3.

286. Un Grec en embuscade faisant sa
prière.

M. COLIN.

287. Femme des Abbruzes priant devant la croix d'un homme assas-
siné.

Mlle. DELAVAL. (A.)

Grande rue Verte, n. 30, faubourg St.–Honoré.

288. Alexis.
> Il vient de célébrer la beauté de
> Daphné, qu'il aime sans le lui dire;
> il s'aperçoit que son secret est dé-
> couvert; Daphné et Chloé, sacom-
> pagne, écoutaient ses chants.
> (Idylle de Gesner).

M. MARTIN (Paul).

289. Vue souterraine.

(57)

M. FLEURY (Robert).

290. Intérieur d'écurie.

LE PRINCE (X.)

291. L'aveugle musicien.

(Ce dessin appartient à M. Aubry).

Mlle. GIRARD.

Rue de Sèvres, n. 31.

292. Un cadre de portraits.

(Dessins.)

M. HERSENT.

293. Louis XVI distribuant des aumônes à Versailles.

(Ce tableau appartient à M. Casimir Perrier.)

M. TANNEUR.

Rue du Houssaye, n. 7.

294. Une plage au soleil couchant.

FIN.